(Par Dubucq, d'après Barbier.)

LE POUR ET LE CONTRE
SUR UN OBJET
DE GRANDE DISCORDE
ET D'IMPORTANCE MAJEURE.

CONVIENT-IL à l'Administration de céder part, ou de ne rien céder aux Étrangers dans le Commerce de la Métropole avec ses Colonies.

A LONDRES.

M. DCC. LXXXIV.

PRÉFACE
DE L'ÉDITEUR AMÉRICAIN.

LES Ouvrages utiles ne peuvent trop se multiplier. Je suis Colon d'une Isle Française de l'Amérique, & je crois rendre à ma Patrie d'au de là des Mers, un signalé service en donnant au public une édition nouvelle de l'Ouvrage de Mr. D***. Il est impossible de se dissimuler la rareté de ce Chef-d'œuvre. On ne peut l'attribuer qu'à l'avidité du public, charmé d'être éclairé par M. D*** sur une matiere qui fait aujourd'hui tant de bruit. Des gens mal intentionnés, sans doute, donnent une autre raison à cette rareté. Ils prétendent que M. D***, a reçu des ordres supérieurs pour retirer (autant que faire se pourroit) tous les exemplaires de son Ouvrage. C'est une calomnie s'il a été au de là du but, son zele est louable, & le Gouvernement doit le lui pardonner. Ses principes hardis sont les premiers jets d'une tête forte. Ils ont d'abord étonné ; mais ils ne peuvent manquer d'être adoptés, lorsque les esprits seront murs, & que *nous ne ressemblerons plus à du bétail*, pour me servir d'une expression de mon Auteur.

Le Gouvernement ne peut pas, avec justice, nous priver d'un défenseur qui s'est présenté dans la lice de si bonne grace. S'il va plus loin que le Ministre, s'il détruit les principes énoncés dans la lettre aux Administrateurs des Colonies, je le répete, louons son zele, & plaignons la prudence pusillanime de ceux qui nous gouvernent. Lorsque les clameurs seront appaisées,

Lorſque les Mémoires de toutes les Chambres de Commerce ſeront oubliés, & que les Députés ſeront rendus chez eux, l'Adminiſtration trouvera dans mon Auteur, les vrais principes d'un Gouvernement ſage, & qui ſait apprécier les vieux préjugés. Elle verra qu'ils faut admettre dans nos Colonies les farines Américaines, *parce que les Negres & la plupart des Blancs n'en conſomment point ;* qu'il faut laiſſer exporter nos ſucres & nos cafés dans l'Etranger, *parce qu'on ne doit pas craindre que l'approviſionnement du Royaume ſoit compromis ;* que notre Marine employée dans nos Colonies n'eſt rien, & que M. D * * * procurera des Matelots *par des moyens plus efficaces & moins onéreux que ceux que préſente l'occupation de nos Gens de mer dans nos Iſles.*

Mon Auteur a été pourſuivi par

de mauvais plaiſans (1) ; mais ſon courage n'a pas foibli. Nous ne diſſimulons pas qu'il a beſoin de toutes ſes forces, & qu'il a paru contre nos principes, des Ouvrages captieux. La Lettre du Parlement de Bordeaux, au Roi, nous embarraſſeroit, ſi la logique & l'éloquence de M. D *** ne nous étoient connues : cet Ouvrage en fera juger. Les autres Cours Souveraines vont faire des Repréſentations à Sa Majeſté. Les Adverſaires de M. D*** ſont nombreux. Il les terraſſera, & ſa gloire en ſera plus grande.

---

(1) *Voyez.* Lettre de M. Léandre de Cayenne à M. D*** de la Martinique. Nous eſtimons cet ouvrage ce qu'il vaut. L'Auteur jure, & fait des Calembours.

LE POUR ET LE CONTRE.

CONVIENT-IL à l'Adminiſtration de céder part, ou de ne rien céder aux Etrangers dans le Commerce de la Métropole avec ſes Colonies.

POUR ne pas nous appéſantir par une diſcuſſion d'autant plus ennuyeuſe, que ſur cette matiere tout a déja été dit ou à-peu-près, nous nous contenterons de raſſembler des principes & des vérités inconteſtables, & d'en tirer les conſéquences qui en réſultent néceſſairement.

RÉPONSES.

Nous nous propoſons de diſcuter ce qu'on nous donne ici pour des principes, pour des vérités inconteſtables, pour des conſéquences néceſſaires. Nous offrirons enſuite à la diſcuſſion de nos contradicteurs, nos principes & leurs conſéquences : les bons eſprits n'auront plus qu'à comparer & à prononcer.

1°. *Les Colonies ont été créées par la Métropole & pour la Métropole.*

R. Cette aſſertion a deux parties. La premiere n'eſt pas exacte. Une Colonie n'eſt pas une ſomme de terre, mais une ſomme de culture. Cette culture eſt dans la main des Noirs, & ces Noirs ont été fournis par les Etrangers & par les Français. Nos Négocians eux-mêmes n'ont ceſſé de dénoncer cette fourniture étrangere; tout le monde ſait que la Guadaloupe en particulier doit au moins la moitié de ſa culture, aujourd'hui ſi brillante, à la prodidieuſe quantité de Negres importés dans cette Colonie par les Anglais, ſur-tout en 1761, 1762 & 1763. Tout le monde ſait que St. Domingue a été établi par des Aventuriers qui n'avaient aucune relation avec le Commerce de France. La ſeconde partie de l'aſſertion eſt imparfaite. On nous dit que les Colonies ont été créées pour la Métropole: nous diſons mieux, elles doivent exiſter pour ſa plus grande utilité poſſible. Reſte à ſavoir ſi c'eſt en ſuivant les avis des Négocians Français qu'on obtiendra cette plus grande utilité.

2°. *Elles lui ſont utiles, parcéqu'elles conſomment le ſuperflu de ſes produc-*

tions, & qu'elles lui fourniſſent en échange les productions de leur crû.

R. Nous diſons avec plus de préciſion que nos Colonies ſont utiles, en ce qu'elles portent le Commerce national au-delà de ſes bornes premieres & naturelles; & que ce progrés s'opere avec la converſion des denrées de la Métropole en d'autres denrées plus utilement ou plus facilement commerçables.

3°. *Les Agents de ces échanges reciproques ſont les Négocians de la Métropole.*

R. L'extenſion du Commerce national doit s'opérer dans nos Colonies par les Commerçants du Royaume en tout ce qui leur eſt poſſible pour cette extenſion; mais nous ne ſentons pas la néceſſité de borner la fortune publique à ce qui leur eſt poſſible, quand la richeſſe du Royaume peut encore, à l'aide de nos Colonies, recevoir augmentation notable par l'action de l'Etranger.

4°. *Il n'y a pas une de nos Colonies qui ne ſe ſoit formee & ſoutenue par les avances continuelles que lui a fait le Commerce de France, avances qui en très grande-partie ſont tombees en pure perte pour les Négocians par la mort ou l'insolvabilité des Colons.*

R. Il est de fait qu'avant les Lettres-Patentes de 1727, les Hollandais & les Anglais fréquentaient publiquement les Ports de nos Colonies. Une prohibition absolue dans les premiers tems de ces Etablissemens, n'eut été en effet qu'une absurdité. Ces Etrangers y ont importé des Noirs, & ces Noirs ont été appliqués aux premiers défrichés. Sans doute nos Commerçants ont dû exciter ensuite par des avances, le progrès d'une culture dont ils partageaient les profits; & si ces avances ont été quelquefois perdues par l'insolvabilité des débiteurs, seroit-il très-déraisonnable de supposer qu'à cet égard il pourroit également y avoir lieu à compensation entre nos Planteurs & nos Négocians?

5°. *Malgré cela le Commerce de France a prospéré, parce que ces pertes ont été couvertes par les profits qu'a donnés sous le régime des loix prohibitives, la vente des productions du sol ou des Manufactures du Royaume dans les Colonies, & parce que le Marché des denrées coloniales ayant été constamment & exclusivement maintenu dans les Ports du Royaume, les Etrangers ont été obligés d'y venir concurremment s'en approvisionner; d'où il est resulté les plus grands avantages pour les Négocians Français en particulier & pour le Royaume en général.*

R. L'intérêt du Commerçant, mêlé avec l'intérêt du Commerce, ne peut que mettre l'objet dans un nuage. Il ne doit être ici question que de la fortune de la Métropole; cette fortune sera en sûreté tant que les denrées du Royaume pourront être converties en d'autres denrées plus facilement commerçables; & il ne nous est pas démontré qu'il soit nécessaire pour cela que les denrées du Royaume & des Colonies ne soient mises en mouvement que par les Négocians Français, ni qu'il y ait nécessité de concentrer immédiatement ces denrées dans les Ports du Royaume pour ce qui excéderait sa consommation.

6°. *Le régime des loix prohibitives a donc procuré tout à la fois la prospérite des Colonies, & celle de la Métropole.*

R. Les Colonies ont prospéré sous le régime des loix prohibitives : donc il seroit imprudent d'y donner la moindre atteinte. Essayons de raisonner comme nos Professeurs.

Nos Colons en général ont toujours fort mal nourri les Esclaves, & les ont encore excédés de travail. Ces Colons n'ont pas seulement abusé du fonds de leur fortune, ils ont encore abusé de leurs revenus follement dissipés au grand préjudice de la culture des Colonies; cependant de grandes fortunes se sont élevées dans nos Colonies au très-grand avantage de la Métropole. Donc il seroit dangereux de changer les habitudes de nos Colons. La parité des deux syllogismes étant évidente, nous demanderons ce qu'il faut dire, ce qu'il fait penser des distributeurs & des acheteurs d'une pareille logique, quand sur-tout il étoit si facile de s'expliquer le progrès de nos Colonies par l'incroyable fertilité d'un sol dont toutes les productions ont une faveur décidée dans les marchés de l'Europe.

7°. *On a cru en France devoir déroger à ces loix prohibitives pendant la guerre; mais il n'avait pas encore été proposé de permettre l'entrée dans nos Colonies aux Etrangers en temps de paix.*

R. Nos Négociants ont affirmé dans tous les tems que, même dans le cas de guerre, les Ports des Colonies devoient être fermés à l'Étranger, & ils ne réussirent que trop

trop bien en 1756 à le persuader au Ministre qui songeoit alors à assurer l'approvisionnement des Colonies par les Neutres. A l'entrée de la derniere guerre, le Gouvernement fut vivement sollicité de protéger les spéculations des pourvoyeurs exclusifs de nos Isles par une prohibition absolue; mais pour cette fois le Gouvernement s'obstina à penser qu'il falloit premierement assurer dans nos Colonies la subsistance de l'Armée, celle des Colons & de leurs Esclaves, ôter à l'Ennemi les occasions de s'enrichir de nos pertes, réserver pour l'armement de nos Escadres les Gens de mer qui, employés par nos Armateurs, n'auroient pu qu'être bientôt entassés dans les prisons de l'Angleterre, diminuer les recrues de cette Puissance ennemie, par l'occupation du Matelot étranger dans la navigation de nos Colonies, pourvoir encore avec sûreté au débouché de nos denrées du Royaume par des Neutres astreints à n'y transporter que des cargaisons françaises; & il ne paraît pas qu'on ait eu à se repentir de la préférence donnée à ces diverses dispositions. Sans doute le retour de la paix a dû tout ramener à l'ordre accoutumé; mais puisqu'il est bien reconnu que même dans cet état de paix quelques parties essentielles d'importation & d'exportation n'en sont pas moins en grande souffrance dans nos Isles, pourquoi serait-il jugé déraisonnable de suppléer par l'Etranger à ce *déficit*, quand sur-tout il est si aisé de démontrer que le résultat de cet expédient est d'une évidente & notable utilité pour la Métropole, quoi qu'en puissent dire les amateurs de l'exclusif absolu ?

8°. *Les Nations étrangères, qui possédent comme nous des Colonies aux Antilles, & sur le continent de l'Amérique, n'y ont jamais donné entrée en aucun temps, ni sous aucun prétexte, à d'autres qu'aux Nationaux. C'est pourtant bien là le cas de la réciprocité, & cela seul devroit decider la question.*

R. Il nous semble que les diverses Nations pourroient compter entr'elles de leurs erreurs respectives, comme les particuliers comptent entr'eux de leurs fournitures respectives ; & ce compte d'erreurs réciproques se trouvant ordinairement balancé, on pourroit croire que personne n'auroit tort, parce que personne n'auroit perdu. Mais il nous semble qu'il ne seroit pas pour cela démontré que la Nation qui voudroit se singulariser, en se ralliant au vrai, dût être nécessairement dans le cas de s'en repentir. Et pourquoi n'en pas faire l'essai, ne fût-ce que par curiosité ? Peut-être aussi serait-il plus décent de préférer l'observation à l'habitude d'imiter, si anciennement & si justement décriée, comme ne laissant pas assez d'intervalle entre l'homme & le bétail. Mais en attendant l'heure toujours tardive du retour au vrai, nous nous permettrons de dire que l'esprit mercantil est par-tout le même ; que par-tout il tend au monopole ; que par-tout cependant, les loix du Commerce ont été écrites sous la dictée des Commerçants ; & nous en conclurons que le consentement unanime de toutes les Nations de l'Europe aux loix prohibitives du Commerce étranger dans les Colonies, loin de présenter un témoignage imposant en faveur de ces loix, est plutôt contr'elles un préjugé légitime, par la raison que pour faire des loix, il faut au moins être juste, que pour être juste, il faut au moins être désintéressé ; & que pour être désintéressé, il faut au moins n'être pas Marchand.

9°. *On propose aujourd'hui l'entrée dans nos Colonies pour les Anglo-Amériquains.*

R. Cette proposition est de plus ancienne date ; elle est de bien des années antérieure à l'Arrêt qui, en 1768, accorda aux Anglo-Amériquains, un entrepôt à

Sainte-Lucie, & au Môle de St. Nicolas; pour plusieurs objets d'importation & d'exportation auxquels il n'étoit pas pourvu par les Commerçants Français.

10°. *Nous ignorons quelle est la politique qui engagerait le Gouvernement à accorder une aussi grande faveur à ces nouveaux Républicains; mais nous osons dire qu'elle est telle, que rien dans le monde ne peut lui être comparé: pour en juger, il faut se faire une idée du tort que nous en recevions.*

R. Assurer la subsistance des Esclaves dans nos Colonies par des versemens, qu'il sera d'ailleurs impossible d'empêcher désormais; permettre ce qui ne sçauroit nuire, pour empêcher ce qui seroit infiniment dommageable: tels sont sans doute les motifs de l'Arrêt qui vient de permettre aux Etrangers l'entrée dans nos Isles pour certains objets d'importation & d'exportation, avec les précautions nécessaires à la sûreté du Commerce national. Si nos Négociants n'ont pu comprendre cette politique, nous trouverons sans doute bien plus de difficulté à comprendre comment cet Arrêt doit nécessairement causer tous les dommages qu'on annonce comme suite nécessaire de ce Réglement.

11°. & 12°. *Par la nouvelle Constitution des Etats-Unis, leurs Ports étant ouverts à toutes les Nations de l'Europe indistinctement, il est clair qu'ils seront toujours munis de toutes les marchandises que ces diverses Nations croiront propres à être consommées dans nos Colonies, où elles seront introduites, soit par les Anglo-Amériquains eux-mêmes, ou par les Etrangers sous le Pavillon Amériquain, avec une profusion qui exclura tous les envois de la Métropole. En disant cela nous ne prétendons pas prédire ce qui arrivera, mais nous disons ce qui est déja arrivé.*

Il a déja été introduit sous le Pavillon Amériquain dans nos Colonies, des Toileries blanches & peintes de Silésie, de Saxe, de Suisse, &c. qui ont rendu invendables nos toiles de Bretagne, de Bauvais, de Nantes, de Cholet & du Béarn, &c. Si cela s'est fait avant que la liberté de la Navigation ait été formellement accordée, que sera-ce lorsqu'elle sera ouverte légalement?

R. Nous serons bientôt au moment de prouver que les dommages annoncés par le versement des toiles étrangeres dans nos Isles, seront aussi peu à craindre dans l'hypothèse d'une prohibition tempérée, qu'ils seroient inévitables dans celle d'une prohibition absolue.

Ces verſements de toilerie étrangere, dans nos Iſles, ſont en effet ſi préjudiciables, que nous pencherions à douter ſi les Commerçants de nos Ports connoiſſent autant qu'ils l'affirment toute l'étendue du mal réſultant de ces verſements. S'ils nous diſent cependant qu'ils l'ont bien apprécié, nous les en croirons; & alors nous leur demanderons ſi c'eſt bien véritablement par l'Amérique libre, ou par les ſeuls bâtimens Anglo-Amériquains qu'a été, & qu'eſt journellement introduite dans nos Iſles, cette quantité immenſe de toiles de Siléſie & autres, à côté deſquelles les toiles du Royaume ne ſçauroient en effet trouver acheteur. Sans doute, il eſt impoſſible à un particulier hors du commerce, de ſçavoir tout ce qu'on y fait, ſur-tout quand il s'agit de verſement en contravention des Réglements. Mais qui pourroit ignorer ce qui ſe paſſe à Dunkerque ſur-tout, & combien cette Place eſt employée par les Nationaux à l'expédition des toiles de Siléſie, de Saxe, &c. pour nos Colonies? Mais, puiſqu'enfin le fait exiſte, qui pourroit en être ſurpris? Quand tout le monde eſt d'accord ſur la définition du Négociant qui, conſidéré comme tel, eſt un être fixé dans l'unique intention d'acheter à bon marché & de vendre cher; toujours criant aux loix prohibitives, quand elles favoriſent cette intention ; toujours violant ces loix, lorſque la facilité de s'y ſouſtraire eſt jointe à l'occaſion de gagner. Sans doute, il eſt des Négocians incapables d'ajouter à leur fortune par des pratiques de ce genre ; mais ſans doute auſſi on ne croira pas que cette claſſe ſi eſtimable ſera encore la plus nombreuſe ; & c'eſt du plus grand nombre qu'il s'agit ici.

13°. *Nous diſons donc qu'ouvrir nos Colonies aux Anglo-Amériquains, c'eſt les ouvrir indiſtinctement à toutes les Nations de l'Europe.*

R. Qu'importe, la diſtinction entre l'Anglo-Amériquain & tout autre Etranger quand l'interpoſition de l'acteur étranger, quel qu'il ſoit, ne doit avoir lieu que pour le cas où cette interpoſition ſera évidemment utile à la fortune, nationale ?

14°. *Cette concurrence eſt ſi dangereuſe & ſi fort à craindre pour le Commerce de France, qu'on peut aſſurer que du moment qu'elle ſera établie, on verra diminuer les armements dans tous les Ports du Royaume ; & qu'enfin ils ceſſeront tout-à-fait, lorſque l'expérience aura appris aux plus hardis, qu'il eſt impoſſible aux Armateurs Français de ſe meſurer dans ce genre avec les Etrangers, par la raiſon qu'en France nous faiſons un Commerce de luxe, & qu'ils font un*

Commerce d'économie. C'est un vice inhérent à la nature des choses, auquel il est impossible de porter aucun remede; cela tient à la richesse du sol de la France, à la variété de ses productions & des jouissances qui en sont la suite. Enfin c'est parce que nous sommes Français, & que c'est notre maniere d'être.

R. Ce nouvel ordre des choses sera si peu dangereux, qu'on peut assurer que par l'infaillible effet d'une concurrence admise avec intelligence, les atteliers de nos Colonies étant mieux nourris, mieux conservés, & plus capables de travail; les armemens de nos Ports marchands seront progressivement multipliés, sur-tout, lorsque l'expérience aura appris aux plus prévenus & aux plus entêtés que l'effet de cette concurrence aura été de mettre les Colonies en état de consommer une plus grande quantité de marchandises Françaises, & de charger un plus grand nombre de navires par l'augmentation des récoltes exclusivement réservées à l'exportation Française. En attendant, nous nous abstiendrons de croire que le Commerce des Français ne saurait soutenir la concurrence des Etrangers, par la raison que le sol de la France est infiniment riche, par la raison que ses productions sont infiniment variées, par la raison que ces productions présentent des jouissances infiniment multipliées, par la raison enfin que les Français sont Français. Nous en conclurons seulement qu'il faut avertir les Acteurs de notre Commerce, qu'il n'est aucun Commerce soutenable sans économie; que nonobstant leur vaine distinction entre ce qu'ils nomment Commerce de luxe, & Commerce d'économie, il n'est point de sol assez fortuné pour suffire à la dépense d'un service dont le salaire seroit hors de toute proportion avec celui qui suffit partout ailleurs. Nous ajouterons que ce vice de notre Commerce qu'on prétend être inhérent à la nature des choses, vient bien plutôt de la commodité offerte à nos Négociants dans le Commerce de nos Isles par le régime prohibitif. Nous dirons enfin que si ces vices étoient en effet démontrés absolument incorrigibles, il seroit d'une administration juste & éclairée de compter pour la propriété nationale avec les Acteurs de notre Commerce, & d'essayer du service de l'étranger, si la précision dans les dépenses étoit absolument impossible aux Acteurs nationaux, sauf à pourvoir à la formation & entretien des forces navales par des moyens plus efficaces & moins onéreux que ceux que présente l'occupation de nos gens de mer dans le Commerce de nos Isles.

15°. *On peut assurer que les Hollandais & les Danois qui ont des Colonies aux*

Antilles, & dans beaucoup de cas ; même les Anglais, pourroient nous ouvrir impunément leurs Colonies, sans craindre notre concurrence, & qu'à l'article des vins, près, il n'y en a pas un sur lequel ils n'eussent sur nous l'avantage du bon marché ; d'où il résulte évidemment que s'il y a une Nation en Europe qui ait un grand intérêt à conserver ses Colonies sous le régime des loix prohibitives, c'est la France ; & par une fatalité dont rien n'approche, c'est la seule qui en néglige l'exécution.

R. On nous a dit dans l'article précédent, que le sol du Royaume étoit singuliérement riche ; que ses productions, infiniment variées, offroient des jouissances qui n'étoient pas dans la fortune des autres Nations ; nous ajoutons que la navigation nationale a été, sous l'Administration actuelle, affranchie de toutes les charges dont on se plaignoit dans nos Ports. Cependant on nous dit ici que les Danois, les Hollandais, les Anglais même, pourroient admettre nos Navires dans leurs Colonies, sans avoir rien à craindre de notre concurrence. Comment concilier des assertions, si évidemment incompatibles, sans qu'il reste pour démontré, que l'attribution exclusive du Commerce national à nos Commerçants, est décidément le plus onéreux de tous les impôts, puisque tant d'avantages naturels, tant de faveurs obtenues ne sçauroient dans aucun cas leur permettre de se mesurer avec l'Etranger ; & si en effet ils le pensent, jusqu'à se décider, comme ils le disent, à cesser tout armement pour nos Colonies, quelle heureuse occasion pour essayer de l'office des Etrangers, en leur accordant la libre navigation de nos Colonies, sous la condition de charger dans nos Ports, de ne charger que la marchandise nationale, & sous la condition encore d'un droit dont le produit seroit distribué à notre cabotage, à notre pêche, à notre navigation dans le Nord, à toutes les parties enfin que la commodité du régime exclusif dans nos Colonies, a fait trop négliger, & qui rendront bien plus à la puissance navale du Royaume, qu'elle n'aura perdu par la navigation de nos Colonies cédée à l'Etranger ; & quand on pourroit douter de l'utilité de cet expédient considéré en lui-même, comment l'Administration pourroit-elle s'en dispenser, quand autrement il ne lui resteroit plus à choisir qu'entre l'abandon du Commerce de nos Colonies, & la nécessité de recevoir la loi des inflexibles Professeurs de la prohibition absolue ?

16°. *Il est plus aisé de sentir que de dépeindre que les maux innombrables que la cessation ou seulement la diminution du*

Commerce de nos Ports avec nos Colonies à Sucre causera au Royaume. Nous n'osons pas en esquisser le tableau; même en le modifiant on le croiroit exagéré. Ce que nous pouvons dire, c'est que la perte certaine & inappréciable des Matelots; celle de la plus grande partie des fortunes, la désertion de tout ce qui tient aux constructions & aux armements, l'abandon d'une grande partie des Manufactures, la diminution de la valeur des terres, une émigration telle qu'il n'y en aurait pas eu de pareille depuis la révocation de l'Edit de Nantes, & toutes les calamités qu'amene sur les Campagnes & le Cultivateur, la non-vente de ses denrées, seroient pour la France des conséquences infaillibles qui résulteroient naturellement d'un événement aussi désastreux.

R. Que de bruit! Mais on n'aura pas oublié qu'il n'étoit pas moindre quand il fut question de l'établissement des entrepôts à Sainte-Lucie & au Môle Saint-Nicolas; un déluge de maux nous fut annoncé; & le fait est que notre Commerce a toujours été en augmentant.

17°. *Et pour qui nous exposerions-nous à tant de malheurs? Pour les Habitants des Colonies? C'est-à-dire, pour les Propriétaires de terres les plus favorisés qu'il y ait*

sur

ſur le globe ? Ils ont acquis ces terres ſous les loix, & à la condition du régime prohibitif ; cependant ils ne ceſſent depuis trente ans d'éluder ces loix bienfaiſantes pour la Nation, & par conſéquent pour eux-mêmes. Malgré toutes les réclamations qu'ils portent continuellement au pied du Trône, ils retirent douze, quinze & juſqu'à vingt pour cent de revenu annuel de la valeur de leurs terres ; & aujourd'hui, en demandant le ſecours du Commerce étranger, ils font la guerre la plus cruelle aux Propriétaires des terres du Royaume, qui ont bien de la peine à porter le revenu des leurs à trois & quatre pour cent.

R. Les revenus des biens de nos Iſles ſont ici étrangement exagérés. Le bénéfice du temps a porté à un prix exceſſif des établiſſemens qui, dans le principe, ne préſentoient que des capitaux bien médiocres ; & c'eſt ainſi que ſe ſont élevées toutes les grandes fortunes de nos Iſles ; aujourd'hui ces fortunes ſont devenues impoſſibles. On nous dit qu'à St. Domingue les Habitations rendent juſqu'à huit & dix pour cent de leur valeur ; mais nous ſommes bien aſſurés que les Planteurs des Iſles du Vent ne ſont pas ſi bien partagés. Et qui pourroit envier des profits ſi peu proportionnés aux déſagrémens attachés à la condition des Habitans de nos Colonies! Qu'importe, au reste, ce qu'ils ont ou ce qu'ils n'ont pas, quand il s'agit uniquement de la Métropole. Le Royaume est-il intéressé à ce que la famine précede toujours les envois des pourvoyeurs de nos Isles? Est-il intéressé à ce que tout le revenu des Colons suffise à peine à la nourriture des esclaves? Est-il intéressé à la destruction des atteliers de nos Planteurs? Est-il intéressé à ce que les Colons laissent sans aucun prix un dixieme au moins du produit de leurs terres, pour calmer des inquiétudes qu'à présent sur-tout la prohibition absolue rendroient beaucoup plus raisonnables? Voilà ce qu'il faut examiner, ce qu'il faut juger, sans s'embarrasser de ce qui peut plaire ou déplaire; soit au Négociant, soit au Colon, par la raison que le Colon & le Négociant, considérés comme tels, ne doivent exister eux-mêmes que pour la meilleure fortune de la Métropole; & que d'ailleurs il est de principe que l'Administration doit être toujours tranquille sur l'intérêt des particuliers, quand elle est assurée du bien général.

18°. *Si c'est pour les Sujets des Etats-Unis de l'Amérique que nous devons faire d'aussi grands sacrifices, ils seront sans doute compensés par quelque grand avantage. Toute convention de Nation à Nation doit être réciproque. Jusqu'à présent le Pa-*

villon Amériquain n'a presque pas paru dans nos Ports de France depuis la paix; mais en revanche, il flotte en grand nombre sur la Tamise & dans les Ports d'Angleterre, où l'on estimoit en Juillet dernier qu'il y avoit pour plus de quatre millions de livres sterlings d'expéditions faites depuis la fin de la guerre en productions ou en fabriques Anglaises pour l'Amérique septentrionale. Cependant jusqu'à présent les Anglais ne reçoivent point leurs anciens Sujets dans leurs Colonies, ils les regardent & les traitent comme des étrangers. Notre Traité avec eux seroit-il donc purement passif? Sacrifierions-nous gratuitement les intérêts des Sujets du Roi à ceux d'un Peuple qui nous a, à la vérité, de grandes obligations, mais qui ne nous procure pas le plus léger avantage actuel, & qui dans la révolution des temps peut devenir un jour notre ennemi?

R. Les obligations que les Treize-États de l'Amérique ont à la France, n'ont pas dû, sans doute, nous faire espérer que les Anglo-Amériquains viendroient acheter dans nos Ports, les parties d'approvisionnement dans lesquels nous sommes surpassés par les Anglais, soit par la qualité meilleure, soit par le prix plus bas. Mais nous croyons bien que ce n'est pas à Londres qu'ils iront acheter les vins, les eaux-de-vie, les draps fins, &c. Quant à ce que nous pourrions craindre de ce nouveau peuple, pour le temps à venir, nous pouvons croire que les rigueurs conseillées par nos Négocians, dans nos rapports avec ces nouveaux Alliés, ne sont pas le moyen le plus assuré de les avoir toujours pour amis.

19° *Nous osons le dire & le prédire, on versera un jour des larmes de sang sur la perte de notre Commerce, de notre industrie, & peut-être de nos Colonies, suite funeste du malheureux système qui nous aura fait permettre l'entrée des Amériquains dans nos Colonies. Il ne se passera pas trois ans avant qu'on n'en ressente les facheux effets. C'est quand on voudra armer une escadre dans nos Ports; c'est quand on voudra lever les impôts dans les Campagnes; c'est lorsque le Roi aura besoin des Navires du Commerce pour faire les transports de Troupes ou d'approvisionnements; c'est alors qu'on connoîtra de quelle influence est le Commerce dans nos Colonies pour la prospérité de la Nation: & Dieu nous préserve d'une guerre avec les Anglais en pareille circonstance.*

R. Ainsi donc, parce que le Gouvernement aura retranché au régime des loix prohibitives, seulement autant qu'il étoit nécessaire pour assurer la subsistance des

Esclaves dans nos Colonies, parce que les Anglo-Américquains auront été admis à porter dans nos Isles du bœuf salé, que nous ne pouvons avoir que par l'Etranger, parce qu'il leur aura été permis d'y ajouter l'article de la morue, dont la vente en Europe est beaucoup plus utile à nos Pêcheurs, & que nos Colons attendroient vainement du Commerce de France, le Royaume sera dépeuplé, nos Ports seront déserts, notre sol sera frappé de stérilité, &c. &il ne nous restera plus que des yeux pour verser des larmes de sang. Heureusement, nous aussi, nous avons des principes; & peut-être que ces principes, avec leurs conséquences nécessaires, présenteront une chaîne de vérités dont le résultat pourra nous permettre de ne pas sécher de frayeur à l'aspect des désolations qui nous sont annoncées.

ADMINISTRATION DES COLONIES.

Vérités élémentaires.

Ier.

L'Homme assiégé de besoins ne s'en défend que par le travail. Le riche ne fait pas exception à la regle : nul ne vit s'il n'a travaillé, ou si un autre n'a travaillé pour lui.

L'homme, auteur du travail, eſt également le conſommateur des fruits du travail. Ces fruits ſont pour lui comme ils ſont par lui; & en ce genre il eſt principe & terme

De ces deux vérités il ſuit qu'il ſeroit également abſurde de ſuppoſer une grande population, ſans une grande ſomme de travail, ou une grande ſomme de travail ſans une grande population.

II. Le travail d'un homme conſidéré ſolitairement, ne ſçauroit lui ſuffire, tant ſes beſoins ſont divers; mais par l'expédient de l'échange, le travail d'un ſeul peut ſuffire à pluſieurs, juſqu'à ajouter l'utile & l'agréable au néceſſaire. Ainſi le travail n'aura ſon utilité, & par ſuite ſon extenſion poſſible, que par l'échange.

III. L'Echange & le Commerce ſont une ſeule & même choſe.

IV. Le Commerce ſuppoſe la conſomnation des denrées, puiſque cette conſommation eſt également ſa cauſe & ſon effet; mais il n'eſt qu'une ſomme de conſommation actuellement poſſible, & dans tous les marchés de l'univers, les Acteurs du Commerce ſe diſputent cette ſomme de conſommation avec plus ou moins d'avantage. Cependant, quel que ſoit le ſuccès du plus favoriſé, ſon action aura néceſſairement eu des bornes quelconques, par l'inévitable effet de la concurrence. Là ſeroient donc aussi les bornes du travail national, & par suite le terme de la richesse & de la population de l'Etat, s'il n'existoit aucun expédient praticable pour changer la nature actuelle des marchandises restées sans prix, faute d'acheteurs, & les convertir en d'autres denrées facilement commerçables.

V. Cet expédient ne peut avoir lieu que par des établissemens fondés en intention d'échanges, tels que nos Colonies, où le consommateur Colon sera substitué au Consommateur étranger, & la denrée des Colonies substituée à la marchandise nationale. Ainsi l'office des Colonies nous donne évidemment la définition des Colonies.

VI. Les Colonies sont des établissemens destinés à convertir les denrées de la Métropole, en d'autres denrées plus utilement ou plus facilement commerçables.

Nous n'avons plus maintenant qu'à nous laisser entraîner au cours des conséquences.

1°. Ces établissemens seront réputés nationaux pour leur produit, & étrangers pour leur consommation; c'est-à-dire, que l'Administration leur devra toute la faveur qu'elle accorde à l'Etranger, comme consommateur utile ou nécessaire de notre superflu, & qu'elle leur devra encore les faveurs qu'elle accorde dans l'intérieur pour l'excitation du travail national.

2°. Ils seront tenus en état de prohibition sévère de tout commerce avec l'Étranger, pour les denrées que la Métropole sera en état de fournir, puisque leur office essentiel est de porter le Commerce de la Nation au delà de ses bornes premieres & naturelles, par la substitution du consommateur Colon, au consommateur étranger.

3°. Ces établissemens seront portés au plus haut degré de culture possible, puisqu'ils ne seront utiles qu'à proportion des denrées qu'ils pourront substituer à celle du sol principal.

4°. Dans le cas de discorde entre la prohibition du Commerce étranger, & l'intérêt de la culture à étendre dans les Colonies par une fourniture plus abondante des Esclaves nécessaires à cette culture, il faudra, si la conciliation (1) des loix prohibitives avec cet intérêt étoit démontré impossible, se décider par le résultat plus utile à la fin qu'on s'est proposé dans l'établissement; c'est-à-dire, par ce qui opérera la plus grande extension du Commerce de la Métropole, par le progrès des échanges entre la Colonie & le sol principal.

5° Dans les cas où la possibilité d'aug-

(1) Cette conciliation, tenue jusqu'à présent pour impossible, est cependant très-aisée; mais le plus simple n'est pas ordinairement le premier apperçu.

menter

menter le Commerce national par des expédients quelconques, seroit incompatible avec le maintien sévère des loix prohibitives du Commerce étranger dans nos Colonies, ces loix seront subordonnées à ces expédients, puisqu'elles n'ont été elles-mêmes établies que pour l'extension du Commerce national.

6°. Dans le cas de rivalité entre l'intérêt du Commerce national & celui de nos Colons ou de nos Négocians, il faudra se décider par le résultat plus utile au Commerce de la Métropole, qui, dans les Colonies comme dans nos Ports, ne doit estimer les personnes que pour les choses, les choses pour le Commerce, & le Commerce pour la population, la richesse & la puissance de l'État. Ainsi dans la Métropole, où tout doit être administré en intention de sa meilleure fortune, le Commerce ne sera encouragé qu'en faveur de la culture & des fabriques du Royaume. Dans les Colonies, au contraire, la culture ne sera encouragée qu'en faveur du Commerce ; & de ces divers rapports entre la Métropole, le Commerce & les Colonies, suivront aisément & infailliblement toutes les loix à établir, tous les jugemens à prononcer, & généralement toutes les solutions à donner en ce qui appartiendra à l'administration des Colonies.

Mais parce qu'à chaque jour suffit son mal, nous nous bornerons aujourd'hui à la discussion provoquée par les cris de nos Ports marchands contre la permission accordée aux Etrangers d'importer dans les Ports principaux de nos Colonies, du bœuf salé & de la morue en addition aux denrées permises dans les entrepôts établis dès 1768 à Sainte-Lucie & au Môle Saint-Nicolas; & pour ne rien céder de nos avantages; nous nous permettrons de prouver que dans l'état actuel des choses, la permission qui excite tant de clameurs, auroit pu être portée beaucoup au delà avec grande & évidente utilité pour le Royaume.

Les Anglo-Amériquains sont & seront de plus en plus surchargés de leurs farines & de leurs salaisons de toute espece: ce n'est pas en Europe que ces denrées auront leur plus grande valeur possible: ce n'est pas en Europe que les Amériquains acheteront les denrées dans nos Isles qui sont dans leur voisinage; ainsi leur Commerce, suivant sa pente naturelle, se répandra dans nos Colonies comme un torrent contre lequel tous les efforts du Gouvernement seront inutiles; il faut donc désormais se ranger non à la lettre, mais à l'esprit des Lettres-patentes de 1727.

Nous avons dit que les Provinces Amériquaines, désormais gouvernées par elles-mêmes & pour elles-mêmes, devaient avoir les yeux fixés sur nos Antilles comme sur le marché le plus utile au débit de leurs salaisons & de leurs farines. Nous observons que l'attrait est réciproque entre ces Provinces & nos Colonies, & nous en concluons que la Métropole autant odieuse à ses nouveaux Alliés que rigoureuse à ses Colons par une prohibition absolue, n'évitera pas cependant la ruine de son Commerce, relativement à ces objets d'importation dans nos Colonies. Le parti de composer est donc le seul qui puisse désormais convenir, & il conviendra d'autant plus, qu'il ne doit pas être difficile d'établir une composition également avantageuse à toutes les Parties intéressées.

Les salaisons de l'Amérique sont d'une convenance merveilleuse à nos Colonies pour la nourriture des Noirs attachés à leur culture; elles sont chez les Amériquains à plus bas prix que par-tout ailleurs; leur navigation est peu dispendieuse, & les frais du transport sont encore diminués par la proximité des lieux. Ainsi nulle possibilité de résister à cette convenance réciproque; mais nos regrets ne seront pas extrêmes, lorsque nous aurons observé, 1°. que nous sommes sans intérêt pour les chairs salées, puisque nous les tirons d'Irlande, & que dans cette partie d'approvisionnement, nos Colonies n'agissent que pour la fortune d'une Nation rivale. 2°. Que les marchés de l'Europe suffisent au débit de notre pêche, où elle se vendra toujours à meilleur prix que dans nos Colonies. 3°. Que la consommation de nos grains par nos Isles n'est pas un objet aussi immense qu'on pourroit le croire, puisque les Negres & la plupart des Blancs n'en font aucun usage ; & que si on excepte le prix de la mouture, la Métropole n'aura ainsi qu'un intérêt bien médiocre à exclure les farines Amériquaines. Nous ajoutons qu'indépendamment de cette observation sur la médiocrité de l'intérêt de la Métropole dans l'objet dont il s'agit, on peut très-raisonnablement soutenir, que tant que l'Administration persévérera dans ses doutes sur l'utilité de la libre exportation de nos grains à l'Etranger, il faudra également douter de l'utilité du transport de la farine dans nos Colonies, puisqu'il est de principe que les Colonies nationales pour leur produit, doivent être cependant considérées comme étrangères, quand il s'agit de leur consommation.

Au moins on ne pourra pas contester que le Colon faisant épargne notable par le plus bas prix des farines & salaisons Amériquaines, sera d'autant plus en moyen de faire consommation plus grande des

des autres denrées de la Métropole ; & on ne contestera pas d'avantage que les droits auxquels on imposera les farines & salaisons étrangeres, aideront encore à réparer le dommage imputé à leur admission. Au surplus, quel que puisse être ce dommage, nous répétons qu'il est inévitable. Nous affirmons que le Commerce Amériquain sans frein & sans regle, parce qu'il se feroit sans permission, portera avec les denrées dont il s'agit, une grande quantité d'autres marchandises dont le versement dans nos Isles nuira infiniment plus au Royaume que la vente des farines & salaisons Amériquaines, & qu'ainsi l'intention du Législateur aura été sacrifiée à la lettre de la Loi. Laissons les raisonnemens & établissons les faits. Dans nos Colonies la nourriture manque aux Esclaves ; les vivres du pays ne sçauraient suffire ; aux Isles du Vent sur-tout, il est nécessaire d'y ajouter la morue & le bœuf salé. En donnant toutes les semaines à à chaque Negre deux livres de morue & une livre de bœuf, il n'y auroit rien de trop ; cependant c'est chose absolument impossible sous le régime de la prohibition absolue du Commerce étranger, parce que le Commerce national ne sçauroit fournir la quantité nécessaire ; parce que si notre Commerce pouvoit fournir cette quantité, ce ne feroit qu'à des prix au-dessus des moyens du Colon. Les Negres sont donc misérablement alimentés: de là l'impossibilité de les tenir en bonne police, & d'en exiger le travail dont ils seroient capables étant mieux nourris; de là il suit encore que le Negre vieillit & meurt avant le temps, & qu'indépendamment de ce que l'humanité doit souffrir de tant de calamités ordonnées par nos loix prohibitives, il en résulte encore un dommage immense & incalculable dans la fortune de la Métropole. La fin de ces désolations seroit le premier & le meilleur produit de la libre importation des salaisons Amériquaines dans nos Colonies.

En supposant que nos Colonies ont à nourrir 550 mille Noirs, & que chaque Negre consommera par an 50 livres de bœuf & 100 livres de morue, le total de ces salaisons s'élevera à 825 mille quintaux. Supposons encore que nos Colons, par l'approvisionnement Amériquain, feront épargne de 10 l. par quintal: la Métropole fera donc épargne dans ses Colonies de 8 millions 250 mille livres que le Colon emploiera en achat de Noirs qui étendront la culture, ou en échanges contre des marchandises de nos fabriques, dont la vente en Europe n'est ni aussi aisée, ni aussi utile que celle de notre pêche.

L'article des farines paraîtra sans doute devoir souffrir plus de difficulté. On nous dira que la consommation de cette denrée s'éleve dans nos Colonies à 300 mille quintaux, & que le quintal de farine Amériquaine pouvant être vendu à 15 livres au-dessous des farines Françaises, il sera impossible à nos Commerçants de vendre les nôtres en concurrence avec celles des Amériquains. Mais indépendamment de ce que nous avons déjà observé sur le peu d'intérêt que nous avons à l'importation de cette denrée dans nos Colonies, il nous sémble qu'il doit être aisé de trouver la réponse à l'objection dans l'objection même. 1°. Parce qu'il résultera de cette énorme différence dans les prix, que les versements de la farine Amériquaine dans nos Isles seront désormais inévitables ; d'où résultera nécessité d'y consentir pour éviter pis. 2°. Parce que cette différence dans les prix fera épargne aux Colons de 4 millions 500 mille liv. également réversibles à nos fabriques, dont les marchandises ne seront jamais d'un débit aussi facile, ou du moins aussi assuré que celui de nos grains.

Au surplus ; nos grains dans les marchés de l'Europe seront chers ou à bas prix. S'ils font chers, l'épargne notée ci-dessus au profit de nos fabriques, sera toute en bénéfice pour la Métropole qui n'en aura pas moins eu le débit utile de ses grains. Si au contraire ils sont à bas prix, nos farines pourront supporter dans nos Colonies la concurrence de celles des Américquains, au moyen d'une prime, dont la dépense sera prise sur le produit du droit auquel ces farines étrangères auront été imposées; & en supposant le droit fixé à 3 livres par quintal, il en résultera recette à la Douane de 900 mille livres. Le même droit sur 825 mille quintaux de salaisons s'élevera à 2 millions 475 mille livres,

ensemble, ...	3.375.000 l.
L'épargne dans la dépense des Colons, par le plus bas prix des farines & des salaisons Amériquaines, . . .	12750.000
	16.125.000

Ces résultats sont évidents ; & leur utilité, aux moins quant aux salaisons, sera gratuitement acquise ; puisque, comme nous l'avons déja observé, nous sommes sans intérêt pour les chairs salées ; puisque la pêche Française a sa vente assurée dans les Marchés de l'Europe, & d'autant plus avantageusement, que la concurrence des

Etrangers aura été prévenue, ou au moins très-diminuée par l'importation du poisson Amériquain dans nos Colonies.

Il est essentiel d'observer ici que la véritable utilité des Colonies consiste dans la substitution du consommateur Colon au consommateur Etranger, lorsque celui-ci ne suffit pas à l'enlévement de notre superflu; que l'office de ces établissements n'est d'aucune importance dans les parties de denrées, dont la vente utile est assurée en Europe; qu'ils ne sont donc réellement de grande importance que pour le débit de celles dont la consommation est bornée par la concurrence des denrées semblables apportées de toutes parts dans les marchés étrangers, tels que les vins, les eaux-de-vie, les marchandises de luxe, & généralement toutes celles dont la valeur est plus dans la main-d'œuvre que dans la matiere premiere : & c'est sous cet aspect que nos Colonies ont en effet une valeur inappréciable, puisque tout ce qu'elles consomment en ce genre, n'eût pas existé sans elles, & qu'elles sont ainsi une cause indéfinie de population & de richesses.

Les Amériquains admis dans nos Colonies, feront souvent bonne partie de leurs retours en marchandises du Royaume; les révolutions fréquentes du Commerce dans nos Isles offrant souvent les occasions d'y acheter ces marchandises à aussi bas, & quelquefois à plus bas prix qu'on ne pourroit les avoir dans nos Ports. Troisieme produit de la libre importation des farines & des salaisons Amériquaines dans nos Colonies.

Il seroit contre toute raison de craindre qu'un Etranger qui peut faire utilement le Commerce permis des marchandises dont il lui importe principalement d'avoir le débit, voulût introduire ces marchandises en fraude; & encore moins qu'il voulût s'exposer à la confiscation, en introduisant avec ces denrées des marchandises prohibées, & dont la vente lui importe moins, puisqu'elles ne seroient qu'en seconde main, telles que les toiles & autres marchandises manufacturées que les Anglo-Amériquains seront pendant long-temps obligés de tirer d'Europe : ainsi la libre importation des farines & salaisons Amériquaines ôtera à l'Administration toute inquiétude sur la contrebande, quatrieme & immense produit de cette libre importation. Mais pour cet effet, il étoit nécessaire de congédier les entrepôts établis à Sainte-Lucie & au Môle Saint-Nicolas; & de substituer à ces entrepôts ceux qui ont été établis en dernier lieu, par l'Arrêt du Conseil d'État, du 30 Août, beaucoup plus commode aux Colons, &

mieux ſurveillés pour la ſûreté du Commerce national contre les introductions en fraude. On a remarqué que les frais réſultants contre le Conſommateur, de la fixation des entrepôts à Sainte-Lucie & au Môle Saint-Nicolas, n'étoient pas au-deſſous de vingt & vingt-cinq pour cent de la valeur des marchandiſes permiſes dans ces entrepôts, tant pour l'importation que pour l'exportation, d'où devoit néceſſairement ſuivre un grand attrait pour l'expédition directe en contravention.

Il nous reſte à examiner quelles exportations pourront être permiſes aux Anglo-Amériquains pour leurs retours. Celle des ſirops & taffias de nos Colonies eſt la ſeule qui leur ait été accordée : mais on peut bien ſuppoſer que ce n'eſt pas en Europe qu'ils viendront acheter le ſucre & le café néceſſaires à leur conſommation ; & il faudra bien encore ici céder à la néceſſité pour empêcher le mal d'être extrême. Mais nous ne croyons pas qu'il y ait lieu à regrets raiſonnables, relativement à cette néceſſité. 1°. Parce que ſans doute on ne craindra pas que l'approviſionnement néceſſaire au Royaume ſoit compris par les exportations des Amériquains. 2°. Parce que cet approviſionnement direct étant aſſuré, le ſurplus de nos denrées des Iſles, pris en nature &

ſous ce premier aſpect, n'eſt plus pour nous d'aucune utilité; & qu'il nous ſuffit que le prix nous en ſoit payé par l'Etranger pour le diſtribuer à nos Cultivateurs, à nos Fabriquants, & à tous autres ayant occupation dans le Royaume pour l'approviſionnement de nos Colonies. 3°. Parce que les Anglo-Amériquains ne pourroient multiplier ces exportations, ſans finir par avoir un Commerce paſſif avec nos Colonies, dont toute la richeſſe revient définitivement à la Métropole. 4°. Enfin, par ce que ſi les exportations des denrées de nos Iſles reſtaient bornées aux ſeuls ſirops & taffias, il en réſulterait dans les autres parties une contrebande immenſe, au préjudice des droits du Roi, indépendamment du dommage bien plus conſidérable que l'Etranger en Commerce clandeſtin feroit à nos fabriques par le verſement dans nos Iſles des marchandiſes manufacturées, dont l'Amérique libre ſera déſormais l'entrepôt pour les Navigateurs interlopes. Quant aux droits de ſortie, nous croyons qu'on pourrait, ſans riſques d'exciter la contrebande, les porter juſqu'à moitié en ſus des droits établis dans les Ports du Royaume pour la ſortie à l'Étranger.

Nous ne craignons pas l'objection qui pourroit réſulter de l'intérêt de notre Navigation

vigation moins occupée dans ce nouvel ordre de choses. 1°. Parce que l'utilité de la Navigation est subordonnée à celle du Commerce. 2°. Parce que la Navigation dans les mers de nos Colonies détruit au moins autant de Matelots qu'elle en forme, & qu'il ne faut chercher l'entretien & le progrès de nos forces navales, que dans la Pêche & le Cabotage.

Il est malheureusement très-vrai que nos Places de Commerce en général ne sçavent occuper nos Matelots que par leurs expéditions pour les Colonies, & nous croyons que par des relevés faciles à faire dans les Bureaux, il nous seroit démontré que notre Commerce dans nos Isles n'est en effet qu'un impôt sur nos forces navales auquel nos Places de Commerce maritime doivent de grandes restitutions. Si, comme nous l'avons dit & comme tout le monde le sçait, elles ne peuvent être libéralement acquittées que par l'augmentation de notre Cabotage & de nos Pêches, ainsi que par la Navigation dans les mers du Nord si peu fréquentées par nos Navires marchands, quel inconvénient pourrait-on trouver à céder à l'Etranger une Navigation nuisible ou au moins de médiocre utilité sous des conditions qui nous mettroient en état de donner des encouragements à une Navigation meilleure ?

Pour nous résumer, nous disons que la véritable utilité des Colonies consiste dans la consommation qu'elles ajoutent à celle de l'Etranger ; que cet instrument de consommation n'a qu'une puissance limitée & égale à la mesure des produits de nos Colonies ; qu'en supposant le produit de nos Isles égal à 120 millions, leur office ne sçauroit avoir lieu que pour cette somme : qu'il importe donc à la Métropole de ménager les revenus de nos Isles dans toutes les parties d'approvisionnement dont nous pouvons avoir utilement le débit en Europe ; & de réserver ses revenus pour les appliquer aux marchandises dont la vente est moins facile ; d'où il suit qu'en réservant les moyens de nos Colonies pour l'achat des Noirs qui augmenteroient leur culture, & pour le débouché de nos denrées chargées de main-d'œuvre, la Métropole pourroit avoir un résultat en mieux de 40 à 50 millions, si la prohibition du Commerce étranger dans nos Colonies étoit ainsi dirigée avec intelligence vers le véritable but des Lettres-patentes de 1727.

Nous avons observé en effet que la Métropole pouvoit épargner à nos Colons dans l'achat des farines & des salaisons qui leur sont nécessaires, une somme de . . . . 12.750.000 l.

Le montant des droits sur ces denrées, ...	3.375.000
Mortalité moindre, les Negres étant mieux nourris, ...	5.000.000
Augmentation des Atteliers par les moyens d'acquérir, résultant des épargnes susdites dans les approvisionnements des Colons	6.000.000
	27.125.000
Immense augmentation annuelle & progressive des revenus, par les Atteliers conservés & augmentés	

Les revenus de nos Colonies étant ainsi très-augmentés, & leurs dépenses n'étant que de la somme nécessaire au paiement des farines & salaisons achetées de l'Etranger, tout le surplus reste à la Métropole, & lui revient si évidemment, qu'il est impossible d'imaginer comment il n'y arriveroit pas, puisque toute consommation de marchandises étrangères reste prohibée, à l'exception des farines & salaisons.

Nous finirons par une observation décisive. Administrer n'est pas simplement connaître & suivre des Réglements quelconques. Ceux-là seuls doivent être réputés Administrateurs, qui, par le bon emploi des moyens existants, obtiennent le meilleur résultat possible dans l'intention des Réglements. Ainsi l'Administration des Colonies n'est que l'art d'atteindre par le meilleur emploi de ce grand moyen, à toute l'extension possible du Commerce actif de la Métropole avec l'Etranger, & telle a été notre intention en ce que nous avons proposé. Le Public éclairé & impartial jugera si nous avons frappé au but, mais nous avons bonne confiance, qu'au moins il prononcera que nos Adversaires ont plaidé pour le Commerçant & que nous avons plaidé pour le Commerce.

FIN.

www.ingramcontent.com/pod-product-compliance
Ingram Content Group UK Ltd.
Pitfield, Milton Keynes, MK11 3LW, UK
UKHW020406220726
13923UKWH00004B/1776